Adam Puschman

Gründlicher Bericht des deutschen Meistergesangs

Görlitz, Fritsch 1571

Adam Puschman

Gründlicher Bericht des deutschen Meistergesangs
Görlitz, Fritsch 1571

ISBN/EAN: 9783744636230

Hergestellt in Europa, USA, Kanada, Australien, Japan

Cover: Foto ©Thomas Meinert / pixelio.de

Weitere Bücher finden Sie auf **www.hansebooks.com**

Gründtlicher Bericht
des Deudschen Meistergesangs.

Darinnen begriffen/alles was einem jedern/der sich
Tichtens vnd Singens annemen wil/ zu wissen von nöten. Vnd wie die art vnd eigenschafft der Versen
oder Reimen/ Thön vnd Lieder zu erkennen sey.

Zusampt der Tabulatur vnd beyderley Straffartickeln/
Auch gründeliche erklerung derselbigen.

Mit angeheffter Schulordnung/wes sich Mercker
vnd Singer allenthalben verhalten sollen.

Sampt dreyen schönen Schulkünsten/ vormals
in Druck nie außgangen

Durch
Adam Puschman von Görlitz/liebhabern dieser
Kunst/zusamen gebracht.

Zu Görlitz druckts/Ambrosius Fritsch. 1571.

EPIGRAMMA.

Audij ut primum bis sex cantare magistros
    O T T O, artis precium fulua corona fuit.
Sic te, præceptis artem hanc qui tradis A D A M E
    Synceræ laudis vera corona manet.

Psalm 98.

Es spricht der from Prophet Dauid/
    Singet dem H E R R E N ein new Lied.
Singet dem H E R R E N alle Welt
    Lobet seinen Namen er melt.

Coloss. 3.

Paulus spricht/thut euch selber lehren/
    Mit Psalmen Gott zu lob vnd ehren.
Singet lieblich/Geistliche Lieder
    Dein H E R R N/im hertzen ein jeder.

Dictum sapientis viri.

Schöne Moteten im Gesang/
    Vnd weiser Melodeyen klang.
Welche haben jr Seel vnd leben/
    Vnd reinen guten Text darneben
Dies . . . . werd sein/
    Als köstlich Gaben Gottes rein.

Adam Puschman/ Autor.

Den Edlen/ Gestren-

gen/ Ehrnvhesten/ Erbarn/ Hoch vnd Wol-
weisen Herrn/ Bürgermeistern/ Stadtpflegern/ El-
teren geheimpten/ ꝛc. Burgermeistern vnd Räethen/
der Kayserlichen Freyen Reichsstedte/ Strassburg/
Nürnberg/ Augsspurg/ Vlm/ Franckfort am Mayn/
Auch andere Kayserliche vnd Fürsten Stedte/ da diese Kunst gefördert wird/ Als Regenspurg / Mentz/
Vlmitz im Wehrerlande/ Colmar im Elsaß. Steyer
vnd München / Meinen grosgünstigen Ver-
ren/ sampt vnd sonderlichen.

Je schöne Musica oder Singekunst/
hat in heiliger Schrifft viel herzlicher
zeugnus / Das sie nicht allein als ein
sonderliche Edle Gabe Gottes/ dem
Menschen zur freuden vnd ergetzung/
Sondern auch zum lob Gottes/ vnd außbreitunge
seines heiligen Namens/ hochdienstlich/ Vnd sonderlich Christenleuten zur erinnerung Göttlicher wol-
thaten/ vnd zur andacht des Hertzens/ das Edeliste
Mittel ist/ Wie denn der heilige Apostel Paulus Co-
los. 3. zur übunge Christlicher guter Gesenge / gar
trewlich vermanet.

Demnach aber GOTT in allerley Zungen vnd
Sprachen wil gelobet vnd gepreiset sein/ Wie der
Psalmist bezeuget.

Also

Also hab ich mir fürgenomen/ von der Deudschen Poeterey vnd alten Singekunst/ einfeltigen
vnterricht zu thun/ des verhoffens/ der Christliche
Leser werde solches/ weil es zum lobe Gottes vnd seines heiligen Namens/gereichet/jme gefallen lassen.

Vnd ob ich wol in meiner Jugendt/von meinen
seligen lieben Eltern/fleissig zum Studieren gehal-
ten/vnd bey der löblichen Musica aufferzogen wor-
den/ Habe ich doch aus Kindischem vnuorstand/zeit-
lich daruon gelassen/vnd mich der wanderschafft/ne-
ben meinem Handtwerck/angenomen/Ju meinung/
dadurch viel Stedt vnd Lender zu beschawen/ vnnd
frembder Nationen breuch vnd gewonheiten zu er-
kunden / Als Jch denn die mehrer zeit meiner Ju-
gend/biß nun ins 30. Jahr meines Alters damit zu
gebracht.

Vnd wie man in der Wanderung mancherley
übung vnd kurtzweil der Welt sihet vnd erfehret/son-
derlich bey der Jugendt/welche zum theil gut vnd
löblich/ zum theil auch böß vnd schedlich sein. Also
hat mir/ als der Jch zur Musica fast geneiget/ das
Meistergesang/vnter andern am aller meisten gelie-
bet. Mich derhalben zu Augspurg anfenglich zu den
Meistersingern gehalten/bey jnen den rechten grund
dieses Singens gesucht/den ich da zur zeit daselbst/
gründt-

gründtlich nicht erlangen mögen. Biß ich endtlich
zu Nürnberg / bey dem sinnreichen Herren Hans
Sachsen / vnd andern verstendigen Singern / bessern
bericht des Grundes dieser Kunst erlangete. Allda
Ich etliche Jahr verwartet / vnd diese Alte löbliche
Kunst gelernet / geübet vnd gebraucht / Wie dann
nach biß auff heut.

Vnd ist diese Kunst sonderlich lieb vnd werd zu
halte / darumb / Das sie anfangs / Adelicher hoher an-
kunfft ist / Als die erstlich / von Fürtrefflichen hohen
Leuten / erfunden worde. Vnd sind nemlich der ersten
Meister dieser Kunst / an der zal Zwölffe gewesen /
derer Namen ich zu mehrem vnterricht hiebey ver-
zeichnen wil. Herr Walther ein Landtherr / Wolff-
gangus Rohn ein Ritter / Marner ein Edelman /
Doctor Frawenlob / Doctor Mügeling / beyde Do-
ctores Theologiæ / Magister Klingeßühr / Magister Starcke Popp / Vnd fünff Bürger / mit namen /
Regenbogen / Römer / Cantzler / der alte Stoll / vnd
Conradus von Würtzburg.

Diese Zwölff Menner / hat Keyser Otto / diß
Namens der erste / Anno Christi / 962. gegen Paryß
citiren lassen / alda sie für den Professoribus der
Vniuersitet / vnd allen Gelerten diß ortß / verhöret /
vnd für die ersten Meister dieser Kunst erkennet / vnd

bestetiget

bestetiget worden / Wie jr altes Buch (seid der zeit zu
Meintz gelegen / jetzt sind dem Schmalkaldischen
Kriege an einem andern sichern ort) bezeuget.

Alda auch / höchstgemelte Kay. May. erwente
Zwelff Meister / ihre Schüler vnd Nachkomen / mit
einer wolgezierten Güldenen Kron/ begnadet hat/
die jenigen so im Singen das beste thaten/ damit zu
verehren.

Als auch vorzeiten die Poëten/ so das beste Geticht gesungẽ/ mit einem Lorberkrantz verehret wurden. Dannher noch auff heut/die/ so auff den Sing-
schulen dem Krongewinner zu nechst seind/Auch mit
einem Krentzlein verehret werden.

Solches wie gesagt/vnd anders mehr/ gibt mir
vrsach/ von dieser Kunst nicht zu weichen/ vngeach-
tet/ das von groben vnuerstendigen Leuten/ solche
löbliche vnd Christliche übung des Singens/mehrer-
theils veracht wird. Wiewol es auch bißweilen bey
Gelerten vnd verstendigen/ die des grundts/ Deudscher Singekunst/vnberichtet/ gering gewegen wird.

Dagegen aber sein auch viel fromer Christen/
Gelert vñ Vngelert/die diese Kunst lieb vñ werd hal-
ten/ gern anhören vnd fördern. So ist auch am ta-
ge/ das diese Kunst nicht allein ist/ die da verfolget
vnd

vnd veracht wird/Sondern es gehet viel andern hohen Künsten auch dergleichen.

Aber hoch ist zu beklagen/das verkleinerung dieser Kunst/nicht allein bey denen gespüret wird/den
diese Kunst verborgen/ Sondern auch wol bey de-
nen/ so diese Kunst gebrauchen / vnd sich derselben
rhümen/ In dem/das sie spaltung/zanck vnd hader
vnter sich selber anrichten/Wil je einer vber den andern sein/Wil einer immer mehr wissen denn der an-
der/Grüblen also in der Kunst/Vnd macht jn fast
ein jeder ein besundere Tabulatur/sie sey gleich recht
oder vnrecht. Vnangesehen/das die Nürnberger Tabulatur (die von den Alten vnsern Vorfahrern vnd
Meistern jren vrsprung hat)die Straffen zuuermei-
den/klerlich gnugsam besaget/ So wol etliche beson-
dere Straffen in die Scherffe zu mercken/wenn es
die not erfordert.

Es sind aber etliche Klügling/die in gemelter Tabulatur gewület/wie die Schwein im Rübenacker:
Haben die Scherffstraffen/ die sie doch nit recht ver-
stande/vnter die andern Straffen gesetzt/vnd aus di-
sen zweyē Tabulaturen eine gemacht/Dadurch nit
alleine übel erger worden ist / wie man pfleget zu sa-
gen/ Sondern das gute gar böse/wie denn in dem
Bericht der Scherffstraffen klerlich erwiesen wird/

A 4   Denn

Denn sie die Scherffstraffen etliche gar nicht nötig/
den andern gantz nötigen Straffen/ fürziehen.

Die Nürnberger Scherff helt jnnen etliche vn-
straffen/damit man die Singer/weil jr viel glat glei-
chen/vnd die zeit verlauffen/ im Gemerck sol von einander bringē/welches doch selten geschicht. Vnd werden viel mehr die andern nötigen Straffen angesehē/
offentlich vnrecht damit an zugreiffen : So ziehen
sie die Scherffstraffen/den rechten nötigen Straffen
für/ vnd straffen gute verstendige wörter/ so der hohen Deudschē sprach gemeß/ Die in der Fürsten vnd
Herren Cantzleyen/ auch in Wittemberger/ Nürnberger vnd Franckforter Biblien üblich/ Lassen dar-
gegen zu im Singen/ vndeutliche/ vndeudsche wör-
ter/vnd vbel lautende meinungen/ so zu hören gantz
verdrießlich/ Dauon im bericht der Scherff/ welt-
leufftiger vnterricht folget.

Solches hat mich verursacht / diesen
kurtzen bericht des Meistergesangs/ an tag zu geben/
Darinne nicht alleine gründtlich angezeigt wird/die
Tabulatur/Schulregister oder Straffartickel/vnd
wie sich Mercker vñ Singer auff der Schul vnd sonsten verhalten sollen/ Sondern auch was das Meistersingen sey/ Wie es zuuerstehen/vnd wie sich Tichtens vnd Singens anzunemen. Ob doch etliche
vber-

vberwitzige kluge Singer / ire spitzfündigkeit / wolten sparen vnd faren lassen / dardurch sie sonst diese löbliche Kunst / vnd sich selbst / bey Erbarn Leuten / verechtlich machen.

Darumb Ich / zu ableitung solches vngrunds dieser Kunst / diese mühe vnd arbeit auff mich nemen wollen. Nach dem ich aber lengst verhofft / es würde ein solcher Bericht rechtes grunds des Meistergesangs / zu förderlicher hinlegung der spaltung in dieser Kunst / von einem andern verstendigern Singer herfür gelassen sein / der des Tichtens vnd Singens lenger vnd mehr als ich gepfleget vñ geübet hette / damit ich als ein junger vngeübter Singer / mein mühe vnd arbeit het ersparen mögen. Weil aber solches bißhero nicht geschehen / vnd Ich leider spüre / das diese Kunst ie lenger ie mehr ins abnemen vnd verachtung kömpt / vnd zu letzt gar verleschen würde / Hat mich für nötig angesehen / solches lenger nicht zuuerschieben / sondern fleis für zuwenden / ob solchem möchte fürkommen werden / darzu Ich nach vermögen trewlich vnd gerne helffen wolte.

Vnd weil am tage / das sich verstendige Leute / an dem gezenck vnd spaltung / vnserer Tabulatur halben / sehr ergern / Deucht mich gerathẽ sein / das man einerley gewisse Artickel vnd Regel / oder einerley

Tabu=

Tabulatur hette/vnd nicht jeder ein besondere/dar-
ob man standthafftig hielte/vnd darbey verbliebe.
Wie denn die Lateinischen Poëten bey jhrer Prosodia vnd Regulis sempilich bleiben. Vnd ob schon
vnter jhnen je einer ein besser Carmen macht als
der ander/so bleiben doch die Regulæ Prosodiæ
vnuerendert.

Weil denn vnser Geticht der Meistergesenge/
auch ein Deudsche Poeterey von etlichen genennet
wird/Als denn etliche vnsere Straffregeln mit den
Regulis Prosodiæ über eintreffen/Sollen wir billich vnsere Regeln oder Tabulatur/vnzertrenlich/ei-
ner wie der ander halten vnd behalten.

Hnbe derhalben gedacht/gewisse Straffregeln
der rechten Tabulatur ordentlich zu stellē/Rathende
das man darob halten wslle.

Da aber jemandts was bessers wisse/das zu me-
rer richtigung dienstlich were/wil ich mir es gerne gefallen lassen.

Alle Liebhaber dieser Kunst/Vnd insonderheit
alle verstendige Singer vnd Tichter/freundtlich bit-
tend/hierinnen günstigen gefallen zu tragen/vnd mit
diesem meinem wenigen fleiß auff diß mal für lieb
zu nemen/Als ich denn solchs zu nutz vnd dienst aller
dieser Kunst liebenden/gantz wolmeinlich in Druck
geben

geben wollen / damit diese Kunst niemand verborge /
Sondern menniglichen / der darzu lust vnd liebe hat /
hierauß kürtzlichen vernemen möge / Wie man Singen / Tichten / vnd diese löbliche Kunst recht versiehen
vnd gebrauchen solle.

Das aber Edle / Gestrenge / Ehrnvheste /
Erbare / Hoch vnd Wolweise Herren / Ich diß mein
Büchlein E. G. offerire / geschicht fürnemlich darumb / Das in wolgemelten löblichen Kayserlichen
Reichßstedten / diese Christliche Singekunst anfenglich erfunden / gebraucht / vnd biß auff diese zeit inn
übung gehalten werden / vnd noch von E. G. beför-
dert vnd erhalten wird. Vnterthenigst bittende /
E. G. zu deren Ehren vnd wolgefallen / ich diesen meinen fleiß vnd mühe gehorsamlich vnd gerne ange-
wendet / solches zu günstigem gefallen annemen / Vnd
dieser Alten löblichen Kunst / ferners günstige beför-
derer / sein vnd bleiben wollen / Als mir nicht zweif-
felt / E. G. als Hochuerstendige vnd erfahrne in allerley Disciplinen / sich diß fals auch günstigist er-
zeigen werden / Vnd mich bey neben im günstigem be-
felch haben. E. G. glückliche / friedliche Regierung
von Gott dem HERREN trewlich wünschende.
Derselbige ewige Gott verleihe vns allen / des heiligen

Vorrede vnd Dedication.

ligen Geistes gaben/ das im Singen/Sagen vnd
Tichten/wie auch sonsten in vnserem gantzen leben/
sein thewer Name geehret/ vnd die Liebe des Nech-
sten in fried vnd einigkeit/dardurch gefördert werde.
Datum Görlitz/den 1. Aprilis/Anno   1 5 7

E. G.

Gantz dienstwilliger.

Adam Puschman / Mit-
bürger zu Görlitz.

Der Erste Tractat.

Von eigenschafft der Verſen oder Reymen/ſo zum Meiſtergeſang gehören.

Rſtlich mus man wiſſen/wieviel vnd mancherley Reymen oder Verß die Meiſterthön/nach jret art vñ eigenſchafft inhalten vnd vermögen.

Deren ſind Sechßerley.

I.   Stumpffe Reymen.
II.   Klingende Reimen.
III.   Waiſen oder bloſe Reimen.
IIII.   Körner.
V.   Pauſen.
VI.   Schlagreymen.

Dieſer Reymen art vnd eigenſchafft ſind alſo zuuerſtehen.

I.   Die ſtumpffe Reymen/ müſſen an der zal gerade Silben haben/ wo nicht ein Pauß oder klingender Schlag Reymen vor her gehet.

II.   Klingende Reymen müſſen haben vngerade Syllabē/ wofern nicht ein Pauß vor her gehet.

B   Waiſen

III.	Waisen oder bloſe Reimen/müſſen im gantzen Lied gar bloß vnd vngebunden ſtehen/ ſie ſind Stumpff oder Klingend.

IIII.	Ein Korn mus durchaus in einem Lied ſich in all Geſetzen binden: Mögen auch Stumpff oder Klingend ſein.

V.	Pauſen ſind Reymen oder Verß/ haben nur 1. Sÿllaba/ werden allweg forne an einem Reymen/ oder hinden nach einem Reymen geſetzt/ Ein ſolche Paus nimpt oder gibt dem nechſten Reymen der nachfolget 1. Sÿllaba/ ſie ſein klingend oder Stumpff.

Ein klingender Reim/ der der Pauſen folget/ mus gerade Sÿllaben haben/ Ein Stumpff Reymen aber der jr folget/ mus vngerade haben/ Am Gebänd aber nimpt ſie keinem Reymen nichts.

Ein Tichter der ein Thon melodirt oder Tichtet/ mag eine Pauß binden/ zu welchem Reymen er wil/ Auch mögen zwo Pauſen auffeinander gehen vnd geſungen werden/ müſſen ſich aber zwo Pauſen bald auffeinander binden.

VI.	Schlag Reymen ſind zweyerley/ müſſen nur zwo Sÿllaben haben/ mögen Klingend oder Stumpff ſein/ Es iſt aber ein vnterſcheid der zweyer Verſen/ Ein ſtumpffer Schlagreim mag ſein Gebänd ſuchen/ wo jn ſein Tichter hin bindet/ wie ein anderer langer Stumpff Reim. Vnd werden die Stumpfſen Schlagreim gemeiniglich voran/ oder zu letzt eines Thons für einem Reimen geſetzt/ bißweilen auch in die nutten/ aber ſelten. Auch mögen zwen Stumpff ſchlag Reimen auff einander gehen/ müſſen aber einander binden.

Ein Klingend ſchlag Reimen aber/ hat auch nur zwu Sÿllaben/ mus ſich allwege auff den fürgehenden klingenden Verß binden/ Dem Verß aber der jm folget/ nimpt oder gibt er eine Sÿllaba/ gleich wie die Pauß/ denn der klingend Reim/ der dem klingenden ſchlag Reimen folget/ mus gerade Sÿllaben haben/ Aber ein Stumpffer mus vngerade Sÿllaben haben.

Vnd

Vnd iſt zwiſchen klingenden ſchlag Reimen vnd Pauſen
ein ſchlechter vnterſcheidt/ allein das die Pauſen kein Gebånde
jrret. Solches iſt zuſehen im vberlangen Regenbogen vnd Pa-
ratrey Friderich Ketners.

Nu die Art vnd Eigenſchafft dieſer Sechßerley
Reimen in Thönen zu erkenn/ beſehe man eigentlich den künſt-
reichen vberlangen Thon des Regenbogens/ Der denn dieſe
Sechßerley Reimen nach rechter art innehelt. Vnd iſt gemel-
ter Thon nicht allein/an zal vnd maß künſtreich/wie jtzt geſagt/
Sondern auch an dem Gebånd vnd Melodey.

Dieſer ſechßerley Reymen grund vnd art/ſol vnd mus ein
ſeglicher Singer/ der Thön vnd Lieder zu tichten ſich fleiſſigen
wil/ endtlichen erforſchen vnd wiſſen/ damit er nicht vom rechtem wege/Meiſter lieder zu tichten/etwa abweiche/ſondern das
rechte mittel vnd ziel halte/wie das in den Sechßerley Reimen
begriffen/ Denn auſſerhalb dieſen/habe ich/ weder an den Thönen der Alten zwelff Meiſter/noch jren nachtichtern/keinen andern grund können vermercken/wie fleiſſig ich dieſem allen nach-
geſtelt vnd nachgedacht.

Das aber etliche Newling vnd Klügling/eine beſonder art
vorbemelter Reymen/ jnen ſelbſt fingiren/ vnd andere zal vnd
maß an tag geben/ſonderlich mit den Pauſen vnd jren nachfol-
genden Reymen/Schlag Reimen vnd andern mehr/laß ich mir
gar nicht gefallen/ Weis auch nicht zu bewilligen/das jnen jhr
fingirte anzal vnd maß verkerter Reymen im ſingen/ſolten begabet werden/Achte es auch für vnrecht/das mans jnꝰ bewern
jnen hat laſſen gut ſein.

Vermögen ſie aber mit der erſten zwelff Meiſter Thönen
einem gründlich zubeweiſen/das ſolche zal vnd maß/wie die bey
jnen breuchlich/darinnen befunden werde/ wil ich jnen recht ge-
ben/ vnd jr Gedichte billichen/ vnd ſonſt nicht.

Ob man mich nun dagegen beschuldigen wolte / Ich hette aus eignem gutdüncken jrer Tabulatur Straffartickel etliches theils verendert vnd außgewechselt/kan ich daselbige nicht verneinen/Wil aber mit jrer eignen Tabulatur/vnd etliche Straffartickeln/ die sie selbst nicht recht verstehen/ bezeugen vnd darthun/ das ich solches zuthun fug vnd vrsach genugsam gehabt/ Vnd zweiffele nicht / verstendige werden mich hierinne gar nicht verdencken.

Folget von anzal der Syllaben
in Reymen oder Versen.

Belangend die anzal der Syllaben in Reimen/ weis ich niemandts eigentliche Ordnung fürzustellen. Jedoch aber achte ich nicht für künstlich/ in einem Reymen oder Verß mehr als 13. Syllaben zu machen/ weil mans am Athem nicht wol haben kan/mehr Syllaben auff einmahl auß zusingen/ so auch ein zierliche Blum im Reimen sol gehört werden.

Wiewol ich selbst zu Nürnberg ein Thönlin von siben Reimen beweret habe/ darinne in einem Verß 14. im andern 15. Syllaben gesungen werd/welcher überflus mich doch gerewet/ Doch weil das Thönlin nur 7. Reimen hat/left es sich mit kurtzen Blumen hinaus singen.

Wil hierinne einem jedern seinen willen lassen/ Es schawe nur der Tichter/ das er eine solche anzal der Syllaben vnd Blumen bringe/die man singen kan.

Der

Der ander Tractat.

Tabulatur oder Schulregister des Deudschen Meistergesangs / sampt erklerung
beyderley Straffen.

Folgen die Straffartickel.

I.
Erstlich / Sollen alle Meisterlieder / nach vermüg der hohen Deudschen sprach außgesungen werden.

II.
Alle falsche meinung bleiben vnbegabt.

III.
Falsches Latein strafft man jede Syllaba für 1. Syllaba.

IIII.
Eine blinde meinung strafft man für 2. Shllaben.

V.
Ein blind Wort strafft man für 2. Syllaben.

VI.
Ein halb Wort strafft man für 2. Syllaben.

VII.
Ein Laster strafft man für 2. Syllaben.

VIII.
Ein Aequiuocum strafft man für 4. Syllaben.

B 3 Ein

IX.

Ein halb Aequiuocum strafft man für 2. Syllaben.

X.

Ein falsch gebend strafft man für 2. Syllaben.

XI.

Blosse Reymen strafft man für 4. Syllaben.

XII.

Ein stutz oder Pauß strafft man für 1. oder mehr Sylla-
ben/nach dem er kurtz oder lang ist.

XIII.

Zween Reymen in einem Athem / strafft man für 4. Syllaben.

XIIII.

Milben strafft man für 1. Syllaben.

XV.

Zu kurtz vnd zu lang/strafft man für jede Syllaba 1. Syllaba.

XVI.

Hindersich vnd fürsich / strafft man jede Syllaba für 1.
Syllaba.

XVII.

Lind vnd hart/ strafft man jede Syllaben für 1. Syllaba.

XVIII.

Zu hoch vnd zu nidrig/strafft man für 1. Syllaba.

XIX.

Reden vnd Singen / strafft man so offt es geschicht für 2.
Syllaben.

XX.

Verenderung der Thön/strafft man für jeden Reymen 4.
Syllaben.

XXI.

Falsche Melodey / strafft man für 2. Syllaben.

Falsche

XXII.

Falsche Blumen oder Coloratur/strafft man für 1. Syl
laba.

XXIII.

Außwechßlung der Lieder/ strafft man vmb so viel Syl
laben/ als die hinderstellige außgewechßlete Gesetz vermögen.

XXIIII.

Irre werden/hat gar verloren.

Eylff Straffartickel in die scherffe.

I.

Erstlich/Ein anhang/ strafft man für 1. Syllaba.

II.

Eine Pauß oder Schlag Reim/ in einem/ zwey oder drey
Sylbeten wort/strafft man für 1. Syllaba.

III.

Ein heimlich Aequiuocum/strafft man für 1. Syllaba.

IIII.

Ein differentz/strafft man für 1. Syllaba.

V.

Gezwungene/ Linde vnd Harte wörter/ strafft man für
1. Syllaba.

VI.

Klebsyllaben/strafft man für 1. Syllaba.

VII.

Klingend Stumpffreimen/strafft man für 1. Syllaba.

VIII.

Relatiuum ist ein wort das zwo meinung regirt/ strafft
man für 1. Syllaba.

Halb

IX.

Halbrürende Reymen/ strafft man für 1. Syllaba.

X.

Zwen Senten in einem Reyml/ strafft man für 1. Syllaba.

XI.

Zu hoch vnd nidrig/ strafft man für 1. Sillaba.

Die ersten drey werden billich gestrafft/ Die andern mag man brauchen wannes von nöten thut/ Nemlich/ wenn man vber dreymal zum gleichen kömpt.

Erklerung der 24. Straffartickel/wie man einen jedern Artickel insonderheit verstehen sol.

I.   Es sollen alle Meister Lieder/ nach vermög der hohen Deudschen Sprach gedichtet vnd gesungen werden/ Sonderlich in Bund Reimen oder Versen/ Wie die in der Wittembergischen/Nürnbergischen vnd Franckfurdischen Biblien/Auch in der Fürsten vnd Herren Cantkleyen üblich vnnd gebreuchlich ist.

II.   Falsche meinung sind/alle falsche Abergleubische/Secctische vnd Schwermerische Lehr/der reinen lehr Jhesu Christi zu wider/die sollen vermitten bleiben.

III.   Falsch Latein/ dabey verstehe alle Lateinische wörter so contra Grammaticæ leges incongrue gesungen werden/ Das können nu die/ so Grammaticam nicht studirt haben/ gar nicht verstehen/ Darumb sie die Lieder/ so falsch Latein inhalten/sollen emendiren lassen/ bey den Gelerten/ so Grammaticam gelernet haben/Ob es schon nicht Meister singer sein.

Ein

IIII. Ein blinde meinung ist/ Wo man einen sentenß oder
meinung bringet/die den zuhörern nicht verstendtlich/Als/Ich
du sol komen/für/ Ich vnd du sollen komen.

V. Ein blind wort heist man/ Wo man ein vndeutlich vnd
vnuerstendtlich wort bringet/das man nicht verstehe kan/ Als/
Sag/für/sach/ Sig/für/sich/ꝛc. Tenuis pro aspirata.

VI. Ein halb wort nennet man/ so einer ein wort verkürßt
in Syllaben/ das mans nicht verstehen kan/ Oder am Bundreimen das Bundwort spaltet. Als/ Ich kan es dir nicht sag/
für/ sagen.

VII. Ein Laster mus man also vernemen/ So man in
zweyen oder mehr Bundreimen oder Versen/ die Vocales mu-
tirte/ oder die Diphthongos in Vocales/ Als/ wo ein wort/ es
sey stumpff oder klingend/nach rechter hoher Deudscher sprach/
das a begerete in Bundreimen/ vnd ein ander wort das o/ vnd
man sünge sie beyde auff das o. Also auch mit den andern Vo-
calibus/ Denn dieweil die Vocales die Haubtbuchstaben sein/
wie Grammatica zeuget/die alle Sprachen regieren/müssen sie
auch im singen nicht verendert werden.

Weil aber etliche Nationes in frem dialecto die Vocales
mutirn/ vnd sie ihrem Idiomate nach/ der hohen Deudschen
sprach vngemeß/außsprechen/ damit ich nichte möchte beschäl-
diget werden/ jnen ire Sprach zu straffen/ oder zu verwerffen/
so fern er darbey bleibet/vnd nicht ein andere Sprach mit einfü-
ret/Sonderlich sol jm sein Sprach mitten in Reimen nicht angegriffen werden/ Dergleich die Bundwörter sollen auch nicht
getadelt werden/ wofern sie einerley Vocales regirn/ nach ver-
müge hoher Deudscher sprach/ Ob die schon keiner Sprach nach
geendert würden/ Wie in folgenden Exempeln zuuerstehen.
Als wenn einer sünge nach der Nürnberger sprach/ Es ist ein
fromer Mon/vnd er gieng dauon/Das wer zu straffen/ Denn
das wort Mon/begert das a/ Vnd das wort von/ das o.

C Darumb

Darumb mus man wörter reimen/ so gleiche Vocales regirn/ Als/ Er ist ein fromer Mon/ vnd er ist auff rechter bon. In diesen zweyen wörtern ist das a ins o verwandelt/ Vnd ist irer Nürnberger sprach nach/ recht gebraucht.

Also sol es mit den Vocalibus vnd Diphthongis in allen andern Idiomatis Deudscher zungen/ so der hohen Deudschen sprach nicht gleich sein/ auch gehalten werden/ Als/ wenn ein Schlesier sünge: Du holdselige sey gegrist/ für grüst/ Das Hauß ist gar wist/ für wüst.

Wenn aus dem Diphthongo ü an beyden wörtern das i gebraucht wird/ so ist es auch recht.

Wo aber das eine wort den Diphthongum ü/ vnd das ander wort den Vocalē i begerete/ vnd man sünge sie beyde auffs i/ so were es strefflich. Also auch/ wenn die Schwaben oder andere Nationes das a in æ/ oder andere Vocales mutirten/ sol es auch also damit ergehen.

Wo nu solche mutatio der Vocalium oder Diphthongorum in zweyen oder mehr Reimen geschicht/ wird jede mutatio pro vnasyllaba gestrafft.

Wem nu die hohe Deudsche sprach nicht wol bekant ist/ der lese die Wittembergische/ Nürnbergische vnd Franckfurter Biblien/ Er wird daraus bericht.

VIII.   Aequiuocæ werden genennet/ Wo zwey oder mehr wörter an den Bundreimen/ sie seind klingend oder stumpff/ einerley Buchstaben oder signification haben/ Als/ haben vnd haben/ Han vnd han.

IX.   Halb Aequiuocæ heissen/ wo an den Bundreimen ein klingend wort mit der ersten Sylben ein stumpffen Bundreimen/ mit einerley meinung vnd Buchstaben bünde vnd auffgesungen würde/ also das eine significatio vnd æquiuocum würde/ Als/ Haben vnd hab.

Ein

X. Ein falſch gebånd heiſt/Wo mā die Thöne anders bin⸗
det In Bundreimē oder Verſen/ als ſie von irē Meiſtern gebun⸗
den oder gereimet ſind/ Oder wo ſich Reimenweiſen oder Kör⸗
ner in einem Geſetz binden oder reimen/dahin ſie nicht gehören.

XI. Bloſſe Reimen oder Verſen werden genennet/ Wo
Reimen oder Verſen/ ſie ſind klingend oder ſtumpff/ ſich nicht
binden/ Sondern bloß ſtehen/ die doch ſollen gebunden oder ge⸗
reimet ſein.

XII. Ein Pauß oder ſtutz merck alſo/ Wo man Pauſiret
oder ſtill helt/da man nicht ſol ſtill halten/Oder wo man im ſin⸗
gen ſtutzt/ oder ein ſtülperlein thut/ vnd nicht fort ſinget/ wird
vmb 1. Syllaben geſtrafft/wo die Pauß oder ſtutz nicht ſo lang
weret. Wo man aber lenger Pauſirt/ als man ein Sylben kan
außſprechen/ wenn man fein bedechtig vnd langſam redet/ ver⸗
ſinget man ſo viel Sylben/ſo lang man ſtill gehalten.

XIII. Milben heiſſen das/ Wo man an einem klingenden
Reimen oder Verſen/ dem klingendem Bundwort das N ab⸗
breche/da doch daſſelbige wort das N von Naturbegerete/Oder
ſo einer in einem klingendem Bundreimē vnd wort das N ſän⸗
ge/ Vnd am andern Bundreimen das e/ da auch das n ſein ſol⸗
te/Als/ Jch kan nicht ſinge/für ſingen.

XIIII. Zwen Reimen oder Verß in einem Athem/ nennet
man alſo/ wo man zwen Reimen oder Verß in einem Athem
hienaus ſinget/ vnd nicht ſtille helt wenn ein Verß ſich endet/
Oder wo man nicht Pauß helt/da man Pauſirn ſol. Wer das
thut/ der verkürtzt den Thon vmb ein Reimen/ vnd verendert
auch dem Thon das Gebånd.

XV. Zu kurtz vnd zu lang heiſt man alſo/ Wo man in ei⸗
nem Reimen oder Verß zu viel oder weniger Syllaben ſünge/
als ſn ſein Meiſter gemacht hat.

XVI. Hinterſich vnd für ſich/ merckt man alſo/ Wo man
etwas in einem Reimen oder Verß auſſen leſt/ vnd es widerhö⸗

C 2   let/ Oder

Repetitio let/ Oder wo man etwas widerholet/das man zuuorgesungen/
Dergleichen so man ein wort zweymal singet.

XVII. Lind vnd hart ist zu mercken/ Wo man in zweyen
Bundreimen oder Versen/ zwey wörter zusamen bünde oder
reimete/ so das eine lind vnd das ander hart were/ Als wenn
man in einem wort das B/vnd im andern das P/ oder T vñ D
oder auch einfache oder zwifache Buchstaben/ zusamen gebunden oder gereimet würden.

XVIII. Zu hoch vnd zu nidrig/ verstehet man also/ In einem Gesetz sol man nicht höher oder nidriger anheben zu sin-
gen/Sondern wie man das Gesetz angefangen/sol man es hinaus singen. Im Gesetz aber sol man es bey bemelter straff vn-
terlassen/ So aber einer mit der stimm kan vntersich oder vber-
sich ziehen/ tregt es jme keine straff.

XIX. Reden vnd singen heisset/ Nach dem man auff dem
Steyel hat angefangen zu singen/sol der Singer nicht reden/ehe
er seinen Gesang vollendet hat.

XX. Verenderung der Thön heisset/ Wo man in einem
Thon mehr oder weniger Reimen oder Verß singet/ Oder die
Reimen außwechselt/ anders als jhn sein Meister im beweren
gesungen hat.

XXI. Falsche Melodey mag also genennet werden/ Wo
man einen Thon in ein ander Melodiam oder weiß forne vnd
hinden an den Reimen oder Versen sünge/ als sein Meister gesungen.

XXII. Falsche Blumen oder Coloratur mag man also mer-
cken/Wo man einen Thon/in Reimen/Stollen oder Abgesan-
ge/ mit viel andern Blumen/ Coloratur oder Leufflin sünge/
weder das jhn sein Meister geblümet oder Colorirt hette/ Also
das die Melodia des Thons angegriffen würde vñ vnkendtlich
gemacht/ Oder so die Reimen oder Verß in Stollen oder Ab-
gesenge

gesenge in einem Gesetz/als im andern/ anders geblümet würden.

XXIII. Außwechßlung der Lieder mag man also erkennen/
Wo man auff der Singschul im singen vmb eine Gabe/ aus
einem gefünfften oder gesiebenden Lied/ ein gedrittes nimpt/
vnd es an stat eines gedritten Lieds singet/ Oder so man aus einem gesiebenden Lied ein gefünfftes singet/ Das also die Lieder
außgewechselt würden.

XXIIII. Irren oder Irr werden/ mus man also verstehen/
Wer irr wird im singen/es sey im Text/in der Melodey/in Reimen oder Versen/in Stollen/ in Abgesengen oder gantzen Ge-
setzen/da man irr wird vnd eins für das ander singet.

Erklerung der XI. Straffartickel
in die Scherffe.

I. Ein anhang ist also zuuerstehen/ Wo man aus einem
gutten stumpffen einsylbigen Bundwort/ ein böß klingendes
zweysylbiges wort machet/ das von Natur nicht klingend ist/ **Paragoge**
noch sein sol/ Auch mitten im Reime/ da man es sonderlich wol
endern kan. Exempli gratia: Es ist ein fromer Mane/für/
Es ist ein fromer Man. Diß wort ist klingend/ vnd solte doch
der meinung nach nicht klingend sein/ sondern stumpff/ Denn
das wort Mane ist ein Lateinisch vnd kein Deudsch wort/Schi-
cket sich zu dem obern Sententz gar nicht.

Darumb sollen sich die Tichter gewehnen/ das sie an stat
solcher anhangenden/vndeutlichen klingenden wörter/gute verstendige klingende wörter brauchen/ die sich zu jeder meinung
schicken/ Solcher guter klingenden wörter kan man gnugsam
haben/so man jnen wil nachdencken vnd forschen. Diese straffe
C 3   solte

V. Gezwungen lind vnd hart/vernempt alſo/Wenn zwey wörter ein Vocalis regirt/vnd der Vocalis in einem wort lind im andern hart lauten ſolt/Vnd man zwunge beide wörter im ſingen/das ſie lind oder hart lauteten/darmit das gebänd recht were. Exempli gratia: Man bringt vns her/Ein newe Lehr. Dieſe zwey wörter/Her vnd Lehr/werden mit einem E außgeſprochen vnd geſchrieben/Lautet doch das (Her) hart/vnd das (Lehr)lind/im außſprechen vnd ſingen/Im ſchreibt aber nicht.

Darumb ſol man achtung haben/das man zwey wörter bringe/die beyde hert oder lind ſind/Als: Man bringt vns her/Viel newe mer. Oder: Man ſagt fort mehr/Ein gute Lehr.

Dieſe zwey Exempel weren alſo gut gebraucht/wo man nun/Her vnd Ler/Wer vnd Ser/im ſingen zuſamen lind oder hart zwunge/mag mans in die ſcherffe ſtraffen.

Wiewol etliche vberwitzige Singer/ſolche gezwungene wörter durchaus ſtraffen/Ob man ſchon nicht in die ſcherffe mercket/Achte ich es doch nicht für ſtrefflich/wenn man nicht in die ſcherffe merckt/Weil ſolche wörter doch nicht anders können geſchrieben werden als mit dem E/Denn man kan die Vocales im ſchreiben in vielen wörtern doch nicht endern/ob es ſich ſchon im außſprechen bißweilen anders begibt. Vnd ob ſchon das E bißweilen ein wenig gezwungen wird/gibt es doch nicht ſo gar böſen verſtand/als die anhangenden wörter.

Darumb mögen ſpitzfündige Singer/diß vnd ander grübelen vnd klügeln wol vnterwegen laſſen/vnd dagegen auff vernunft vnd vnuerſtandt achtung haben vnd ſtraffen.

Elliſio. **VI.** Kleb Syllaben mercke alſo/Wo man einem wort das zwo oder mehr Syllabas hat/eine oder mehr Syllaben abkürtzt/vnd mit einer oder zwo Syllabl außſpricht/Oder ſo man zwey wörter in ſeinem außſinget an dem Bundreimen oder Verſen/Als/Zum/für/Zu dem.

Was

Was man aber sonst für wörter brauche/ Als/ Man sagt/ Man spricht/ Man schreibt/ Man springt/ Man singt/ Man trinckt/ vnd dergleichen wörter/ da nicht von nöten klingende wörter/ daraus zu machen/ Welche wörter auch in der Fürsten vnd Herren Cantzleyen vnd Mandaten breuchlich/ damit man mit wenig vnd kurtzen worten viel begreiffen mag / Welche nach rechter hoher Deudscher sprach deutlich vnd verstendtlich sein/ sol man gar nicht straffen/ noch für Klebsyllaben rechnen/ wie etliche Klügel pflegen/ die solche gute wörter angreiffen vnd tadeln/ vnd dagegen was strefflich zu lassen.

VII. Klingende stumpffe wörter/ werdẽ genennet/ Wo man zu einem stumpffen Bundreimen oder Versen/ ein klingendes wort nimpt/ vnd daraus ein stumpffen Bundreimen macht/ darzu denn solt ein ein stumpffes wort gebraucht werden/ Als/ wollen/ Vnd/ Alßdenn/ Solches mag man auch in der scherffe straffen/ wenn man klügeln wil.

Macht man aber aus zweyen klingenden wörtern zwey stumpffe/ mag mans für 2. Syllaben straffen.

Ohn ein solches achte ichs auch nicht strefflich/ sonderlich wenn gute verstendige klingende wort darzu genomen werden/ Denn es ist weniger strefflich / als so aus guten stumpffen wörtern vbelklingende gemacht werden/ daraus falscher verstandt erfolget.

Ob nun solche stumpffe Bundreimen aus guten klingenden wörtern gesungen würden/ vnd im mercken leichtlich für klingend Reimen geschrieben werden/ Sollen verstendige Mercker/ auff die Thön achtung haben/ welche Reimen oder Verß/ stumpff oder klingend sein.

VIII. Relatiuum/ oder ein wort das zwen Sententz regirte/ merckt man also/ Wenn einer zween Sententz sünge/ vnd das letzte wort am ersten Sententz keme im anfang/ dem andern

D   Sentent

Sentenß zu hälffe / damit daßselbige wort bepden Sententzen den verstandt mit brechte / Das fasse aus folgendem Exempel : Wenn einer sünge / Was nicht recht gesungen wird gestrafft / Das wort (wird) regirt forne vnd hinden. Es solle stehen / Was nicht recht gesungen wird / wird gestrafft / Aber von wegen der kürße / wird es ein mal ersparet.

Wenn man scharff mercken / vnd im Gesang gräblen wil / mag mans angreiffen / Sonst mag mans wenn es von nöten / passieren lassen.

IX.   Halbrürende Reimen oder Verß / mag man also erkennen / Wo man stumpffe vnd klingende Reimen zusamen bindet vnd reimet / Also / wenn ein klingend Bundwort mit den ersten Syllaben ein stumpff Bundwort rüret vnd bindet / die doch sonst nicht zusamen gehören.

Also auch / wo in einem Gesetz zwey klingende wörter mit der ersten Syltaba einander binden / die doch nicht zusamen gehören.

X.   Zween Sentenß in einem Reimen / ist also zuuernemē / Wo man zwo meinung oder Sentenß in einem Reimen sünge / vnd kurtz zusamen fassete / Das man doch sonst weder im schreiben noch reden pflegt zu gebrauchen.

XI.   Zu hoch vnd nidrig vernimpt man / Wenn man ein Gesang zu hoch oder nidrig anfecht / das mans mit der stiñ nicht erreichen kan / sondern das der Gesang höher oder nidriger muß angefangen werden.

Bericht von vnterscheid der Scherff vnd rechten Tabulatur / wie man ihre straffen vnterscheiden sol.

Diese

Diese XI. Straffartickel / so zu der Scherffe verordnet / solten billich in das erste Schulregister oder Tabulatur mit eingezogen sein / vnd gleichsowol als die fördern 24. Straffen gestrafft werden / Sonderlich die ersten drey / wie gemelt.

Aber von wegen etlicher spitzfündiger scharffen Singer / die sich bedüncken lassen / sie sind in der Kunst nur hoch daran / also / das sie auch nicht begeren zu singen / wo man nicht in die scherff mercket / Hab ich jnen die XI. Straffen außgezogen / welche meines bedünckens billich in die Scherff zu straffen weren. Denn von der Scherff vnd vnkunst / die sie biß auff heute haben vnd rhümen / vnd zwar doch nicht selbst verstehen / Ich mit Herr Hans Sachsen nichts halten kan noch wil.

Jedoch aber / weil man ja was scharffes haben wil / die scharffen Singer im gleichen zu entscheiden / Habe ich / nach dem die vorigen XXIIII. Straffen alle vermitten / vber das alles diese XI. Straffen verordnet / darauff achtung zu haben / Sonderlich auff die Nachhangden Syllabe / Pausen vn schlag-Reimen / so in zwey oder mehr Syllabigen wörtern gehalten / Auch auff die heimliche Aequiuoca / welche so sie nicht vermitten werden / dieser löblichen Kunst grossen vngelimpff vnd verachtung zu fügen.

Denn ja solche vndeutliche wörter / in keinen Cantzeleyen oder Mandaten / auch in keiner Biblien / im brauch seind / viel weniger in rechter hoher Deudscher sprach / deren wir vns alle rhüm / Darauff doch entlich vnser Gesang gerichtet ist vn sein sol / der wir keines weges nachkomen: In gebrauch solcher vndeudscher wörter / welche nicht allein contra Grammaticam sein / Sondern auch viel vndeutliche falsche vnd vbel lautende meinungen mit sich bringen / Dardurch denn auch manche gute verstendige meinung verkrüpelt vnd zu nichte gemacht wird.

D 2 Derhalben

Derhalben es denn die Gelerten vnd verstendigen/ als ich selbst viel gehört/nicht vnbillich verlachen vnd vernichten/Weil wir vns groß rhümen/ aber wenig beweisen/ vnd vber vnsern Straffartic켄n nit halten/wie gebürlich/Offtmals werden viel gute verstendige/ vntadeliche wörter /hoher Deubscher sprach gemeß carpiret vnd angriffen. Alß denn in auffmerckung der Milben/Klebsyllaben/Differentzz/Halber differentzl/ Laster/ Halber laster/Halbe æquivoca/ vnd dergleichen Straffen/ so ihre gantz vnkünstliche Scherff innehelt/ vnbillich geschicht/ Vnd dagegen was straffens wol werd/ das bleibt vngestrafft.

Damit aber jre solche vermeinte Scherff straffen menniglich bekendtlich / Wil ich sie auffs kürtzist/wie folget / anzeigen/ vnd darüber verstendige Leute iudiciren lassen / Ob sie billich oder vnbillich zu straffen sind.

I. Ein Laster nennen sie / Wo zwey wörter auffeinander folgen/ die einerley Vocales regirten/ als / Das/Was/Wer/ Der/Wie/Die/Der/Her.

II. Ein gespalten Laster/ Wenn ein einsyllabiges wort zwischen solchen zweyen wörtern stehen / als / Zwar/vnd dar/ Die / vnd sie.

III. Differentz/Wo zwey wörter auff ein ander gehen/ die mit einerley Buchstaben geschrieben seind/ als / Das/ Das/ In/ Ihn.

IIII. Gespalten differentz/Wo ein wort zwischen solchen zweyen wörtern stehet/als/ Das vnd das/Die vnd die.

V. Schnurrend Reimen/Wo ein e oder ander Buchstaben im wort ersparet wird/ als/ Fewr/für/Fewer/ Hinlisch/ für/ Hinnelisch.

Klebs

VI. Klebſyllaben / Wo man aus einem zwey ſylbenden wort ein einſylbendes macht/als/Schreibt/für/ſchreibet/Lobt/ Merckt/ꝛc.

VII. Milben/Wo einem wort in der mitten ein Vocal wird abgebrochen/Oder zwey wörter in eines gezwungen/als/Kün= gin/für/Künigin/Vom/für/von dem/Zum/für/zu jm.

VIII. Heimliche æquiuoca/Wo ſich zwey Bundwörter mit einem S anfahen/als / Schein vnd ſtein / Oder auch mit ei= nem Z vnd S/als/Zagen vnd ſagen.

Jetzt benente Artickel jhrer Straff/ ſind ja alle der hohen Deudſchen ſprách wol gemeß/ werden in Cantzleyen/ ſo wol auch in viel gemelten Hochdeudſchen Biblien offt gebraucht/ vnd benennen den regulis Grammaticæ oder Proſodiæ / auch der Zwelff Meiſter Tabulatur gar nichts : Darumb achte ichs gar für vnbillich ſie anzugreiffen/ Habe derhalben an jhre ſtat etliche ander Straffen geſetzt/ welche der Grammatica vnd der hohen Deudſchen ſprach gantz zu wider ſind.

Jch kan auch nicht gleuben/ das vnſere Vorfahren/ die erſten Zwelff Meiſter/als Gelerte vnd verſtendige Leute/die der Grammatica vnd Proſodia gründtlichs wiſſen gehabt/ ſolche Artickel zu ſtraffen/verordnet haben/ Vnd im fall ſolches von jhnen geſchehen/ haben ſie doch dieſelben anders der Proſodia nach gemeinet/ denn es vnſer Klügle deuten.

Weil man ſie aber ſolchen grundt nach/ nicht recht wil er= kennen lernen/wil ich an derſelben ſtat/etliche ſtraffen ſetzen / die jnen kendtlich/ damit ſie jrem begeren nach etwas ſonderlichs haben.

Das ich aber die Straff der anhangenden wörter/ Heim= liche æquiuoca / dergleichen auch die Pauſen vnd Schlagrei= men / in den geſpaltenen zwey oder drey ſylbenden wörtern/

D 3 nicht

niche in die Tabulatur vnter die XXIIII. Straffartickel ge=
setzt habe: Ist erstlich der vrsach halben geschehen/ Weil die
Prosodia Paragogen, Apocopen, Sincopen, Sinæresin, in
latinis carminibus/wo die recht gebraucht werdē/zu lesset/ Wil
ich diese Straffen auch nicht strefflich haltē/ wofern sie nach art
der Prosodia im Tichten vnd singen/recht gebraucht werden.

Zum andern/ Das ich meinem Lehrmeister vnd lieben
Freund Herr Hans Sachsen/ von dem ich mehrertheils den
bericht dieser Kunst anfenglich bekomen/ sein Gedicht nicht ger=
ne verwerffen wolte/ weil er obgemelte figuras in seinen Ge=
dichten offt vnd viel contra Prosodiæ præscriptum gebraucht
hat/ daran zwar die versaumnus seines studierens in der Ju=
gend schuld hat/ vnd hoch zu beklagen.

Solte ich nu sein so artliches vnd vielfeltiges Gedicht/
deßgleichen ihm keiner nachdichten wird/verwerffen/wolte mir
vbel anstehen/ Dieweil man es auch zu der zeit anders nicht
gewust/ vnd vielleicht die Straffartickel der alten Zwelff Mei=
ster nicht recht verstanden sind worden/ die ohne zweiffel wer=
den distinctionem gehalten haben/ zwischen vnsern Regeln/
vnd den Regulis Prosodiæ.

Wil hiemit alle Singer vnd Tichter trewlich vnd fleissig
vermanet haben/ solche anhangende wörter oder Paragogos
nach innhalt Prosodiæ recht zu gebrauchen / oder gar zuuer=
meiden.

Dergleichen auch/Das man in keinem wort das zwo oder
mehr Syllaben vermag/ Pauß halte/ vnd das wort zerspalte/
denn es auch gantz vnkünstlich ist.

Also auch die heimlichen æquiuoca/ damit nicht ein wort
oder signification an den Bundreimen oder Versen/ in einem
Gesetz zwey oder mehr mahl gebraucht werde/ Auff das nicht
vrsach geben werde/Gelerten vnd vngelerten/ diese liebliche vnd
löbliche Kunst/ zuuernichten.

Auch

Auch ja fleissig achtung haben/ im mercken/ damit die ersten drey Straffen der Scherff/ neben den vorigen XXIIII.
möchten vermitten bleiben.   Vnd wenn es von nöten thut/ in
die Scherff zu mercken/ diese drey Straffen/ fürnemlich so wol
als die vorbemelten 24/ angreiffen.

Nachmals die andern acht Straffen der Scherff/ als Dif-
ferentzen getzwungen lind vnd hart/ Klebsyllaben/ Relatiua/
Klingend stumpffwörter/ Halbrürend Reimen/ Zu hoch vnd
nidrig/ etc. nach jhrer art vnd eigenschafft/ wie sie erkleret/ vnd
angezeiget seind/ an stat jrer vorigen vngegründten vnd vnge-
reimten Scherff/ mercken vnd straffen/ wo es ja von nöten sein
wolt.

Wiewol ich bekennen mus/ das die letzten Acht Straffen/
eben so wol als jre vorige vngegründte Scherff auch nicht/ nötig sein/ Achte sie mehr für ein hindernis dieser kunst/ weil man
dunckeln verstandt an jre stat setzen mus/ wenn man sie alle auß-
rotten wil/ Darumb sie nur den grüblern vnd klüglin zu gefallen
gestelt/ köndten sonst wol vnterlassen werden.

Wofern nu jemandts diese Schuel Register oder Straf-
fen/ erstes ansehens/ vnuerstendtlich/ der lasse sich daraus verstendige Leute entscheiden. Verhoffe gentzlichen/ kunstliebende
vnd fleissige Singer werden dieser Tabulatur nachdencken/
verstehen/ vnd derselben folge thun/ Sie werden der zuuor ge-
brauchten Scherff bald vergessen/ vnd zu rechtem verstandt dieser lieblichen Kunst wol komen/ Auch lust vnd liebe neben mir
darzu gewinnen.

Der

Der dritte Tractat.

Von den Thönen vnd Melodeyen/wie man sie Tichten vnd beweren sol/Mit angehriffter Schulordnung.

Von den Thönen vnd Melodeyen.

WER einen Meisterthon machen oder Melodiren wil/ Der mus erstlich mit fleis achtung haben/ auff die eigenschafft der sechßerley Reimen oder Verß des Meistergesangs/ damit er nicht die zal vnd maß der Syllaben vbertrette.

Nachmals mag er die Melodey setzen/ vnd nemen woraus er kan vnd wil.

Er mus aber fleissig warnemen/ das keines Versen Melodey/ so er tichtet/ in einem andern Meister Thon mit der Melodey/ eingreiffe vnd berüre/ so weit sich 4. Syllaben erstrecken/ Wie von beweren der Thön gemelt wird/ Also das in 4. Syllaben die Melodey/ so wol die Coloratur gantz vnd gar hinden vnd forne nichts angegriffen würde/ Sondern andere newe Melodey vnd Blumen/ so andere Thöne der Meister singer nicht haben/ damit keinem anderm Thon seine Melodey in einigerley Reimen möchte entzogen werden/ Vnd ob die Melodey die er tichtet/ schon mit zwo oder drey Syllaben ein andere Melodey angriffe/ das er doch mit der vierden Syllaben beyde die Melodey vnd Blumen wie er kan vnd mag/ wider heraus fürete.   In

In Pausen oder Schlagreimen mus man sonderlich ach/
tung geben/ auff die Blumen oder Coloratur der Pauß vnd
Schlagreimen anderer Meister Thön/ das dieselbige nicht den
vorgetichten gleich lauten oder klingen.

Also auch im Gebänd der Thön/ muß man auffmerckung
haben/ das sie nicht durchaus andern Thönen/ gleich jr gebänd
haben.

Dergleichen muß man auch andere Zal vnd maß der Ver/
sen setzen/ damit nicht zwen oder drey Thöne/ in allen Reimen ei/
nerley anzal der Syllaben in Reimen haben.

Von Vberkürtzen Thönen.

Beyde vberkürtze vnd vberlange Thön betreffendt/ Weis
ich auch nicht anzuzeigen/ gewisse ordnung darinne zuhalten/
weil der Tichter so viel seind/ die jnen selbst zal vnd maß/ nach
jrem gutdüncken/ für fassen.

Demnach/ aber bey vnsern alten Vorfahren den XII.
Meistern/ auch bey jren nachtichtern erfunden wird/ das sie vn/
ter sieben Reimen oder Versen keinen Thon gemacht/ Rathe
ich/ das man nach auff heut keinen Thon vnter sieben Reimen
gelten lasse/ oder begabe/ Wie denn vnser Vorfahrn auch ge/
than haben.

Wiewol ich von dem gar kurtzen Thon Heinrich Müge/
lings verneme/ der da nur fünff Versen haben solt/ Kan im
doch für keinen Meister Thon im gemerck gelten lassen/ Weil
kein verstendiger Spruch oder sententz/ sampt dem Capitel deß
selben Spruchs/ in dem Thönlein kan angezeigt werden.

So weis ich auch wol/ das es mit diesem Thönlein obbe/
melt/ zugehet/ wie mit etlichen andern Thönen ergangen/ wel/
che felschlich vnter dem namen der alten Zwelff Meister nur

E　　　　　fingirt/

singst/vnd also vor jre Thöne außgegeben/ Wie billich solchs geschehen/ gebe ich menniglich zuerkennen.

Von vberlangen Thönen.

Mit den vberlangen Thönen / befind sichs auch nicht bey den Alten/das einer den andern so hoch vberstigen hette/wie jetzt vnter vns geschicht.

Dieweil man es aber ja für eine Kunst achtet/vberlange Thön zu machen : Deuchte mich/ es were vbrig lang vnd hoch gnug hinauff gestiegen/weil ein Thon 100. Reimen oder Versen hette/ vnd das die Thön so vber 100. Reimen kein Vortheil hetten/vor denen so 100. inhalten/bey den man es solte bleiben lassen.

Weil doch nicht wol müglich in solchen vberlangen Thönen ein gedrittes Lied nach einander zu singen (Ich geschweige der gefünfften oder gesiebenden Lieder) Wie sich denn wol gebürte.

Denn künstlicher ist es / das liebliche Thöne gemacht werden / darinnen man ein schön gefünfft oder gesiebend Lied / von dem Meister der jn gemacht hat/ hören kan/ als das/ wenn es zum beweren kömpt/ nicht wol ein Gesetz von dem Meister/ der jn gemacht/auff die Bahn mag gebracht werden/ Wie ich denn offt gehöret habe/ Das denn ein spott ist/ vnd verdrießlich zu hören.

Von beweren der Thöne.

Von Thönen zu beweren / were auch zu melden/ wem es gefallen wolte.

Billich

14

Billich ists vnd recht/ das man ein Thon drey mal von
seinem Meister selbst höre. Also/ das er den Thon zum ersten
mal auffs nidrigst als er vermag/ für der gantzen Geselschafft
hören lasse. Zum andern mal/ mit volkomender stimmen/ wie
man auff der Schul pfleget zu singen. Zum dritten mal/ auffs
höchst als er jhn mit der stim erheben kan. Es würde denn von
wegen Alters/ der vnuermöglichen stim halben zu gelassen/ das
ein ander an des Meisters stat/ seine Thön für sünge/ vnd die
beweren liesse. Auch wo Singer weren an örten/ da es keine
Geselschafft hette/ möchten sie die Thön/ auch lassen andere fürs
singen vnd beweren/ in den Stedten/ wo Geselschafften sind.

Nach dem man nu fleissig auffgemerckt hat/ so lasse man
die gantze Geselschafft iudiciren/ ob auch der Thon etwa mit
vier Syllaben (denn mit siben Syllaben/ wie bißher breuchlich/
ist gar zu viel) mit der Melodey in andere Thön eingegriffen
hette.

Also würden die vberlangen Thön etliche/ mit jren kurtzen
Versen/ wol dahinden bleiben.

Vnd so der Thon nirgends etwa mit vier Syllaben in
andere Melodeyen het eingegriffen/ jm alß denn lassen beweret
sein.

Derselbe Meister sol selbs den Thon benamen/ vnd ein
Gesetz darin er jn beweret/ selbst in ein Büchlein so ins Polpet
gehörig/ zum gedechtnus einschreiben/ mit beygesetzter Jahrs
zal vnd Tag.

Hierauff sol jhn die Geselschafft der Singer/ so dißmal
darbey sein/ an derselbigen Zech frey halten/ oder seine Zech aus
dem Polpet nemen/ es sey in Wein oder Bier/ Damit er nicht
seinen fleis/ mühe vnd arbeit/ vmbsonst gehabt/ vnd nicht/ wie
an etlichen orten ein vnfreundtlicher brauch/ das er der Gesel-
schafft/ eine Viertel kanne Weins/ zu lohne geben müsse/ Da
man denn offtmals den Thon lest beweret sein/ von wegen eines

E 2 truncks

truncks Weins / damit man nur zu sauffen habe/ Es greiffen
gleich die Thöne ein oder nicht.

Doch wil ich hierinne/ wie auch im vorigem/ niemandts
Ordnung geben/ Sondern nur mein gutdüncken vnd wolmei=
nung/ menniglichen angezeiget haben/ was mich hierin nach
meinem einfeltigen verstandt/ vor billich gedeucht.

Ein Erbare Geselschafft/ in was Stadt vnd Ort sie sind/
wird wol wissen/ was nach jrer wolmeinung für Ordnung hie=
rinne zu halten sey/ Damit an solcher alten/löblichen/lieblichen
vnd Christlichen Kunst/ nichts verseumet/ Sondern vielmehr
gebessert/ gefördert vnd erhalten werde.

Schul Ordnung.

Wie es die Mercker vnd Singer / auff
der Singschul vnd in der Zech/ mit dem
Mercken vñ Singen/Auch mit den
Gaben vnd Gewinnetern
halten sollen.

ERstlich/ Wo es in einer Stadt ein Geselschafft der Sin=
ger hat/ Sollen auff der Schul alle Meister Thön (die
das Schulgemeß nemlich 20. Reimen oder Versen/
vnd darüber innehalten/ So ehrliche Singer vnd Meister be=
weret haben) zugelassen werden vmb Gaben zu singen. Vnd
sollen die vier Haupt Thöne/ der vier gekrönten Meister/ für
andern Thönen keinen vortheil haben/ Wie sonst auff andern
Schulen breuchlich.

Wo

15

II. Wo ein ehrliche Geselschafft odergemaine der Meister singer seind/ den es von einem Erbarn Rath derselbigen Stadt zugelassen ist/ gemeine Schulen zu halten/ Da mögen Thön verhöret vnd beweret werden/ Wie vom Beweren der Thön gemelt ist.

III. Es sol vnd kan kein Gemerck recht bestelt werden/ wo man nicht einen Mercker darbey habt kan/ der Grammaticam verstehet/ vnd etwas studieret hat/ Darumb sol man trachten auff einen Singer/ der Grammaticam vnd jre Regulas verstehet/ vnd jnen zum Mercker neben andern zweyen verstendigen vnd wolgeübten Singern/ erwelen.

IIII. Auff der Singschul/ sollen durch das Jahr zwey Gemeß gelten/ vnd gehalten werden/ einen Sontag vmb den andern/ Nemlich/ ein langes vnd kurtzes/ Vnd allwege in einem Monat oder dreyen Wochen/ nach dem es die gelegenheit gibt/ Schul gehalten worden.

Auff den ersten Sontag vnd Schulen/ sol das kurtze Gemeß/ Auff den andern Sontag vnd Schulen/ sol das lange Gemeß gelten.

Wenn das kurtz Gemeß gehet/ sollen auff derselbigt Schulen/ vmb die Gaben vmbs Hauptsingen/ vnter 20. Reimen oder Versen/ nicht gesungen werden/ Sondern was darüter ist. Zum vergleichen aber/ so die Hauptlieder glat vnd gut gesungen/ vnd die Straffen/ laut der Tabulatur/ verwisen werden/ Sollen vnter 30. Reimen nicht gesungen werden/ Was aber darüber gesungen wird/ sol den/ so 30. gesungen/ gleich gelten/ vnd kein Thon vor dem andern vortheil haben/ Auch sol nur mit einem Gesetz gegleicht werden.

An der Zech aber/ weil das kurtz Gemech gilt/ sol ins Hauptsingen vnter sieben Reimen nicht gesungen werden/ das sol sich bis auff 21. Reimen vnd nicht weiter erstrecken.

E 3   Zum

Zum gleichen aber an der Zech/ sollen allein 20. oder 21. Reimen gegleicht werden/ darunter vnd darüber gar nichts.

Wenn das lange Gemeß gehet/ sol auff der Schul ins Hauptsingen/ auch vnter 20. Reimen oder Versen nicht gesungen werden/ Darüber aber mag man wol singen/ Doch sollens vor 20. Reimen keinen vortheil haben.

Zum vergleichen aber auff der Schulen/ sollen von 30. Reimen bis auff 60. alles gleich ohne vortheil gelten. Was aber von 60. Reimen biß auff 100. vberlenget wird/ wenn das lange Gemeß gehet/ sollen allweg 10. Reimen oder Versen 1. Syllaba beuor haben. Was aber vber 100. Reimen gesungen wird/ sol denen so 100. gesungen/ nichts beuor haben/ Wie die am kurtzen Gemeß von 30. biß auff 60. Es hat jeder wol macht/ so viel Reimen er wil zu gleichen/ Der vortheil sol aber nicht weiter gehen/ als auff 100. Reimen oder Versen.

An der Zech aber/ wenn das lange Gemeß gehet/ sol ins Hauptsingen von 12. biß auff 23. gesungen werden/ Darunter noch darüber sol nicht gemerckt werden.

Zum vergleichen aber/ sol weder mehr noch weniger als 22. vnd 23. gegleicht werden.

Wenn es sich nu begebe/ das viel Singer ins Hauptsingen auff der Schul oder Zech glat gesungen/ vnd 3. mal glat gegleicht hetten/ Vnd die Straffen der rechten Tabulatur/ alle vermitten weren/ vnd nicht vbrige zeit were in die lenge zuuergleichen/ Mag man in die Scherffe mercken/ vnd die Eylff Straffen für die hand nemen/ Vnd sonderlich auff die ersten drey achtung haben/ vnd sie damit von einander entscheiden/ doch sol man sie vorhin warnen.

Auch so es sich zutrüge/ das jr zwen oder mehr im Hauptsingen/ auff ein mal glat vnd gut gesungen vnd gleichet hetten/ Vnd deren einer desselben Jahr der Gaben eine darumb sie gleichen/

gleichen/ gewonnen hette/ vnd die andern nicht/ Sollen. die/ so noch nicht gewonnen/ ferner vmb die Gaben gleichen/ wie vorgemelt. So jr aber nur zwen gleichen/ sol der/ so zuuor gewonnen/ außgehen/ Es sey auff der Schul oder Zech.

V. Es mögen auff der Schul vmb die Gaben gesungen werden ins Hauptsingen/ gedritte/ gefünffte vnd gesiebende Lieder/ nach dem der Tag lang oder kurtz ist/ Vnd sol ein gefünfftes Lied/ für einem gedritten 2. Syllaben beuor haben/ Vnd ein gesiebendes Lied 2. Syllaben für einen gefünfften.

Aber die gefünfften vnd gesibende Lieder/ sollen des Winters wenn der Tag kurtz ist/ nicht gelten/ Sondern die gefünfften Lieder sollen nur gelten/ weil der Tag 12. stunden lang ist/ biß so lang er an den 12. stunden widerumb abnimpt.

Die gesiebenden aber sollen gelten/ wenn der Tag 14. stunden helt/ biß er an den 14. stunden wider abnimpt.

Die gedritten Lieder aber/ sollen alle Schulen durchs Jar gelten vnd ganghafftig sein.

VI. Auff der Schulen sollen keine Lieder vmb die Gabe gesungen werden/ die nicht in der Biblien mit jhrem Text gegründet/ Vnd es sol jeder Text/ der gesungen wird/ sein Capitel anzeigen im singen.

An der Zech aber mügen Historien oder Fabeln gesungen werden. Auch mügen Historien vor der Schul in duppel gesungen werden/ Doch nichts ergerlichs oder schmehlichs.

VII. Es sol auch ein Lied/ das ist ein Text/ in einem Thon/ in einem Jahr/ nur ein mal begabet werden/ Wo es zum gewinnen glat gesungen wird/ Ein Text aber/ mag in mehr Thönen offtmals im Jahr gesungen vnd begabet werden.

VIII. Des Sontags wenn man Schul helt/ ist billich vnd breuchlich/ das die Geselschafft der Singer/ sampt andern dieser Kunst

ser Kunst liebenden/Ein erbare/ehrliche/friedliche vnd züchtige
Zech halten/nach gehaltener Schulen.

An solcher Zech/sol man einen Zechkrantz zum besten ge-
ben/vnd wem es geliebt darumb singen lassen/Auch sol man
auff der Schul einen Krantz nach dem Schulkleinod zum besten
geben. Diese zwene Krentz sollen von dem Gelde/so man auff
der Schulen auffhebet/bezalet werden.

Auch sollen die zwen Krentzgewinner/ vnd der so das
Schulkleinod gewonnen/auch alle drey Mercker/ein jeder mit
der halben Zeche verehret werden.

Die jenigen aber/so auff der Schul vnd Zech ire Lieder Ins
Hauptsingen glat vnd gut gesungen vnd gegleichet haben/sol-
len mit einem Seidlin Wan/so man Wein zechet/oder mit einem Kreutzer verehret werden.

Diß Geld/sol alles von dem Gelde/so auff der Schul auff-
gehaben worden/gezalet werden/So aber die Schul nicht so-
viel tregt/sol zu hülff aus dem Polpet genommen werden.

An bemelter Zech sol auch Gotteslesterung/Spiel/Zanck/
Hader/ Vneinigkeit/verachtung vnd fürtreiben/ in Summa
alle vppigkeit/daraus vnrath einstehen mag/bey erkenter vnd
gesatzter straff der Mercker vnd geselschafft/ vermitten werden/
Ausser eines Erbarn Rath vorbehaltener Straff.

IX.   Der das Schulkleinod gewinnet/sol auff die nechste
Schul hernach mit in Gemerck sitzen/Auch den Tag an der
Zech.

X.   Die zwen Krentzgewinner/sollen die nechste Schul an
der Thür stehen/vnd das Gelt einnemen.

XI.   Der auff der Schul den Krantz gewonnen/sol an der
Zeche auffwarten/vnd den Gesten fürtragen/So ers alleine
nicht bestreiten künd/sol jm der/so die fördere Schul den Krantz
gewonnen/auffwarten helffen.

Die

17

XII. Die beyde Krantzgewinner desselben Tags / sollen die Zech abnemen/nach wolmeinung vnd vorwissen der Mercker/ vnd anderer ehrlicher Leut.

XIII Es sollen auch die Mercker trewlich vnd fleissig/nach innhalt rechter Kunst/ vnd nicht nach gunst/mercken/ Einem wie dem andern/ nach dem ein jeder singet/ Nichts anders als ob sie darzu weren vereydet worden/ Wie man doch nicht dar= über schweren sol noch kan.

Beschluß dieses Büchlins.

Ach dem ich wol weis/das die Welt/ Trewe wolthat an= derst nicht/ als mit vndanck vnd böser nachrede/ pfleget zu belohnen: Hab ich mich gewis zuuersehen/ es wer= den viel ires sinnes kluge Singer/so hierinne getroffen werden/ auch ander vberwitzige/diese meine mühe vnd arbeit/ vernichten vnd verlachen/vnd zum theil mir es in ein hoffart ziehen/ als ob ich dis Büchlein rhumes halben/zusamen colligirt/ Mich dar= durch in dieser Singkunst herfürzuthun/ Das mir denn alles zur vngüte zugemessen/ vnd mit Gott bezeugen wil/ das ich sol= ches nicht aus Ehrgeitz/mir solches zuschreiben/ fürgenomen/ Denn ich mich für keinen Tichter außgebe/ Auch mein einfalt im tichten selbst bekennen mus.

Dis ist aber die vrsach/ Das mich rewet vnd jammert der alten lieblichen Kunst des Meistergesangs/ das sie so gar ver= achtet vnd vntergedruckt werden sol/ Denn sich weder Jung noch Alt fortmehr darumb annemen wil/Fleissiget sich die Ju= gend lieber andererkürtzweil vnd üppigkeit/ in Spielen/ Fres= sen/Sauffen vnd dergleichen vntugendt/ Sonderlich die jun= gen Handtwercks gesell haben nicht mehr lust zu guten Sitten

F

vnd

vnd Tugenten/seligen vnd Gott löblichen übungen/ Wie denn diese Kunst vermag

Darumb ich von wegen der jungen Geselschafft am nieristen/diese erklerung der Singekunst des Meistergesangs/herfür komen lassen/Damit neben jnen menniglich/ so es zu wissen begirig/ bekandt würde/ was das Meistersingen sey/ vnd wie mans lernen vnd üben möge.

Wiewol ich lengst gehofft/ es würde sich etwa ein ander verstendiger vnd mehr geübter Singer/ des vnterwunden haben/Hat aber noch bißanher/ nicht sein wollen. Darumb ich/ auff vielfeltiges anhalten vnd vermanen guter Freunde/ vnd liebhaber dieser Kunst/ mich hierumb anzunemen/ nicht eussern wollen.

Da ich nu nicht jederman hierInnen gefallen möcht/ mus ichs Gott befehlen.

Ist zwar auch nicht mein fürnemen/menniglich zu gefallen/ Bin genügt/ so Gott vnd etlichen verstendigen fromen Leuten/wie wenig der sein/hiemit ein gefallen geschicht.

Die andern aber/ so des Tadelns gewonet/ wil ich hirmit gebeten haben/ ein bessers am Tag zu geben/ Gönne jhnen der Ehren für mir gar willig vnd gerne/ Wil mich von einem jedern/ ein bessers zu lernen/ nicht schemen/ Sondern einem jeglichen seine Kunst nach möglichem fleis/fördern helffen.

Derhalben ich alle frome Christen/was Standes die sein/ wolmeiniglich vnd trewlich vermanet vnd gebeten haben wil/ Sonderlich die jungen Hantwercks gesellen/ Das sie an stat üppiger Welt übungen / neben andern kurtzweilen auch dieser Alten/ löblichen/ lieblichen vnd Christlichen kunst ingedenck sein/vnd nicht gar vergessen wollen/ Sondern diesen meinen einfeltigen kurtzen bericht dieser Kunst. Jnen lassen befohlen sein/ Darinne sie den rechten verstandt des Singens finden

finden werden/ Sonderlich die sonst nicht verstendige Singer
haben können/ von denen vnterricht zu nemen.

Denn bey fleissiger übung dieser Kunst/ werden sie lernen/
Gottes wort lieb haben/ vnd sich in der Biblien bekandt ma-
chen/ daraus sie den gehorsam Gottes vnd die liebe des Nehe-
sten werden lernen erkennen.

Auch so erferet man darburch viel schöne liebliche Histo-
rias vnd Moralia der alten vnd newen Geschichtschreiber vnd
Poëten/ Als denn der sinnreiche Herr Hans Sachs deren viel
an Tag gegeben/ daraus man sich gegen Gott vnd der Welt
recht lernet verhalten.

Welche aber zu dieser Kunst nicht lust vnd liebe haben/ die-
selbigen wil ich hiemit freundtlich gebeten haben/ sie wollen des
spottens vnd verachtens müssig gehen/ Mögen jnen selbst jre
weise nur wolgefallen lassen/ doch also/ das andern jre vbunge
auch vngetadelt bleibe/ jndenck des alten Sprichworts: Quod
tibi non vis fieri, alteri ne seceris.

Den zornigen eifferern aber/ die von Predigern/ Singern vnd sonsten vngestrafft sein wollen/ die sein vermanet/ das
nicht zuuerdienen.

Thu mich hiemit allen Liebhabern dieser Kunst dienstli-
chen befehlen.

F I N I S.

Ein Schulkunst / vor-
her zu singen wenn man Schul helt / darinnen angezeigt der vrsprung dieser Kunst / wer
wie / wenn / vnd warumb sie erfunden. Mit ange-
hefftc Schulregister oder Straffartickel.

Ein gefänfft Lied in den 4. Gekrönten Haupt-
Thönen der 4. Gekrönten Meister.

Das 1. Gesetz / Im langen Thon Doctor
Müglings.

SAncte Spiritus mit dein Gaben zu vns kum /
Et reple corda tuorum fidelium
Entzünd in jhn das Fewer deiner liebe.

Per CHRISTVM saluatorem nostrum te rogo
Steh du mir auch jetzt bey mit dein Gaben also
Mit Gsang Gott zu loben / nach deim getriebe.

Wie du halffst dem Psalmist Dauid /
Der sang die schönsten Lieder auff der Erden /
In sein Psalterio in fried /
Vermant er vns zu singen ohn geferden.
Sein acht vnd Neuntzigst Psalm spricht fein /
Jauchtzet dem HErrn all Welt thut Lobsingen
Rhümet vnd lobt den HErrn rein /
Die Psalmen last auff Seitenspiel erklingen /
Solches alles hat verursacht /
Vnser Vorfahrer weise

Die

19

Die Tichten Gott zu lob vnd danck/
Meister Gesang/
Der waren jr Zwelff an der zal/
Auff die höret gar leise.

Das 2. Gesetz im langen Thon Doctor Frawenlobs.

HErr Frawenlob war ein Doctor ticht zum ersten/
Zu dem andren/
Herr Mügeling geehret/
War ein Doctor gelehret/
Beide warens Theologi/
Klingeßohr vnuermehret/
War ein Magister artium/
Solchs war Starck Popp dergleichen.

Herr Walther von der Vogelweid war ein Land-Herr/
Wolff Rohn Ritter
Marner der war vom Adel/
Die andern fünff ohn tadel/
Waren Erbar Bürger all Fünff/
Regenbogen war zadel/
Der Römer war künstreich vnd frum/
Der Cantzler ticht künstreichen.

Conrad von Würtzburg war Erbar/
Auch der alte Stoll/Die zwelff fürwar/
Wurden im Jahr/
Neunhundert zwar
Vnd zwey vnd sechtzig citirt gar/
Gen Pariß vor der Glerten schar/
Von Keiser Otto der erst zum/
Verhör irs Gsangs süßleichen.

Das 3. Gesetz im langen Thon Marners.

DA sungen sie lieblich vnd fein/
Jeder sein Melodey/
Nach jrer Tabulatur rein/
Wie jr hernach werd hören frey/
Erstlich nach der hoch Deudschen sprach/
Sungen sie jre Lieder all.

Falsch meinung liessen sie nicht sein/
Blind meinung auch dabey/
Vermieden auch alls falsch Latein/
Auch blinde wörter mancherley/
Halbe wort vermiedens hernach/
Die Laster auch in gleichem fall.

Kein Aequiuocum sungens nit/
Es war gantz oder halb/
Falsch Bundreim vnd die blossen Reimen allenthalb/
Brachten kein Pauß noch Stutz/
Auch nicht zwen Verß in einem Odem/
Milben hieltens für keinen nutz/
Sungen auch nicht zu Kurtz noch Lang/
Hindersich noch Fürsich/
Lind vnd Hertlich/
Auch nicht zu Hoch nach zu Nidrich/
Redten nicht im singen lieblich/
Vermitten der Thön verendrung/
Falsch Thön vnd Blum vielfeltiglich/
Außwechßlung der Lieder war schmach/
Wenn man jrr ward strafftens all mal.

Das 4. Gesetz/ Im langen Thon Regenbogen.

Mercket

20

Ercket die Straffen in die Scherffe/
Man sol straffen ein wort welches hat ein Anhang/
Pausa in viel sylbendem wort/
Auch heimliche Aequiuoca dergleichen.

Ein differentz man auch verwerffe/
Auch wo man Lind vnd Hart wörter singet mit zwang/
Hart Klebsyllaben strafft man fort/
Regirt ein wort Zwo Meinung ist streffleichen.

Klingende Stumpffreimen strafft man/
Auch die Versen so einander halb rüren/
Auch so ist ein straff auff der bahn/
Wo ein Versen Zwo Meinung thut einfüren/
Auch wer zu Nidrig oder Hoch/
Singet sein Meisterlied.
So hat jr gehört all Straffen hiemit/
Jedoch die letzten Elff solt jr/
Erst angreiffen wenn man vber drey mal/
Thut gleichen das man sie scheid schier/
Aber wer vermeidet die Straffen all/
Den vergleichet man gar billich/
Den ersten zwölff Meistern weis rein vnd pur/
Die erstes mal erfunden doch/
Meistergesang nach jhr Tabulatur.

Das 5. Gesetz mus in den 4. vorgehenden Thönen gesungen werden.

Der 1. Stoll/ Im langen Thon Mügling.

Ls Keyser Otto jr Kunst vnd Gesang vernam/
Thet er den Zwelffen vnd jrn nachkomden allsam/
Ein Güldin Kron zum Schulkleinod verehren.

Der

Der 2. Stoll / Im langen Thon Frawen lobs.

Seidher singt man noch vmb Schulkleinod oder Kron /
   Wo Schulen thon /
•   Geselschafft in gmein halten /
   Auch verehrten die Alten
   Poëten einen Lorberkrantz /
   In Græcia manchfalten /
   Dem der das best im Singen thet /
   Das thut sich bey vns mehren.

Das Abgesang fecht sich an in des langen Mar-
  ners Abgesang / bis in 8. Reimen.

Hört was die Zwölff hat verursacht /
   Tichten das Meister gsang /
   Zu irer zeit viel böß vngereimbt Gsang erklang /
   Ohn alle zal vnd maß /
   Der Versen / Sylben vnd Gebänd /
   Wie jetzt bey vns auch geschicht das /
   In Gassen / Kirchen vnd Wirtßhauß /
   Das gar vnkünstlich stehet /

Der ander Theil des Abgesangs / ist der letzte
  Theil des Abgesangs / Im langen Thon Re-
    genbogen in die 10. Reimen.

Darumb so seid vermant /
   All die ir Meistergsang halt für ein thant /
   Vnd die daraus treiben den spott /
   Das sie diese Kunst lassen vnueracht /
   Sondern veracht was hasset Gott /
   Nemlich ewer leichtfertigkeit betracht /

Aber

21

Aber euch Zuhörer ich bitt/
Das jr all wollet still vnd züchtig sein/
Das wir nicht werden verjrret/
Nu fanget an vnd singt Gottes Wort rein.

Anno salutis 1 5 7 1. 1. Ianuarij.

Ein Schulkunst/dar-
innen begriffen das SchulRegister/
Auch die eigenschafft der Sechßerley Ver-
sen/ darnach sich Singer vnd Tichter
richten müssen.

Ein gedrittes Lied/ Im langen Thon Marners.

Je fröligkeit erkent man fein/
An den Menschen auff Erd/
An Thier vnd Vogeln groß vnd klein/
So fliegen vnterm Himel werd/
Gemeiniglich an dem Gesang/
Wenn sie singen mit heller stimm.
Auch gefelts Gott dem HERRN rein/
Vnd Gsang von vns begert/
Wenn wir jm Psalmen singen sein/
Wie Dauid sang war vnbeschwerd/
Von dannen kam der Harffen klang/
Seitenspiel vnd Glocken vernim.
Damit man Gottes lob anzeigt/
Darumb mit Hertz vnd Mundt/

G   Schreyet

Schreyet zu Gott/ Singet vnd lobet jn all stundt/
Wie auch die Engel thun/
Die im Himel sungen Gott lob/
Auch Jhesu Christo seinem Suhn/
Deßgleichen auch dem heilign Gcist/
Den geliebt Gsang allzeit/
Darumb bereit/
Bin ich zu erkleren gar weit/
Wie man mit Meistergsang außbreit/
Gottes Wort vnd sein Lob vnd Preiß/
Darumb ich der Straff vnterscheidt/
Was jr Tabulatur anlang/
Wil vermelden ohn haß vnd grimm.

2.

Die Singer sollen achtung han/
Auff die hoch Deudsche sprach/
Das sie sie bringen auff die bahn/
Sie schlecht der Grammatica nach/
Vnd zeiget an rechten verstandt/
Mehr als die andern Sprachen all.
Falsch Ketzerisch meinung las man/
Falsch Latein ist gros schmach/
Blinde meinung die thut von dann/
Blinde wort sind strefflich zu rach/
Halbe wort sind strefflich allsand/
Darauff hat achtung in dem fall.
Die falschen Laster straffet auch/
Welche verendern hie/
Die Vocales dergleichen auch die Diphthongi/
Falsches Gebdnd dergleich/
Auch Gantz vnd Halb Aequiuoca/

Blosse

22

Bloſſe Reimen ſind krefftigkleich/
Dergleichen auch Stutz oder Pauß/
Wo kein Pauſa ſol ſein/
Auch ſtrafft allein/
Zwen Verß in einem Odem rein/
Auch ſtraffet die Milben gemein/
Wenn man eim Wort das N abbricht/
Zu Kurtz zu Lang ſtraffet auch fein/
Hinterſich vnd Fürſich genand/
Das ſol man ſtraffen alle mal.

3.

Zu Lind vnd Hert ſtraffet auch fein/
Auch ſtraffet welcher bringt/
Zu Hoch vnd Nidrig das Lied ſein/
Auch ſtraffet welcher Redt vnd Sngt/
Auch ſtraffet der Thón Verendrung/
Straffet auch Falſche Melodey.
Falſch Blum vnd Coloratur klein/
Straffet wenn ſie erklingt/
Außwechßlung der Lieder gemein/
Wer Irr wird vnd vom Stul entſpringt.
Das ſeind die Straffen nach Ordnung/
Nun hört der Verſen Sechßerley.
Der mus man fleiſſig nemen war/
Die Stumpff Verſen verſteht/
Haben gerad/wofern nicht ein Pauß vor her geht/
Klingende Verſen han/
Vngrad wo nicht vorgeht ein Pauß/
Waiſen im gantzen Lied bloß ſtan/
Ein Korn bind ſich durch all Geſetz/
Pauſen ein ſylbig ſind/

G 2   Schlag

Schlag Verſen ſind/
Die haben zwen Sylben ich ſind/
Wer vermeid all die Straffen gſchwind/
Auch die Sechßerley Verß im Gſang/
Mit Zal vnd Maß recht ſingt vnd bind/
Der Singer ſey Alt oder Jung/
Den mag man reumen kunſtreich frey.

Anno ſalutis 1 5 6 8. 2 8. Nouembris.

Ein Schulkunſt/dar=
innen vermeldet/ die Eylff StraffAr=
tickel/ſo zu der Scherff gehören.

Ein gedritt Lied/in der dritten Friedweiſ
Bal. Frid.

O Gott hilff mir jetzund verbringen/
Damit ich dir dein Lob mag ſingen/
Du halffeſt dem Pſalmiſten/
Dauid dem fromen Chriſten/
Der ſang die ſcherffſten Lieder auff der Erden.
Weil ich die Scherff jetzt ſol einfüren/
So las mich hie dein Genad ſpüren/
Die Straffen in die Scherffe/
Ich auch nicht all verwerffe/
So fern ſie nur hie recht gebrauchet werden.
Der ſind Ich Eylff wol an der zale/
Werden ein theil billich geſtraffet/

Die

Die erſten drey hie nach der wale/
Die werden gar billich geſchaffet/
Zu der Tabulaturen/
Daruon wir ſingen wuren/
Zuuor wir das erfuren/
Doch zu vermeiden viel geſencke/
Ich ſie allhie zu der Scherff ſchencke/
Das die Singer im gleichen/
Ein ander mögen weichen/
Wenn ſie viel mal thun gleichen ohngeferden.

2.

Die erſten Anhangende wörter/
Klingen/die man an andren örter/
Stumpff ſchreibet vnd auch nennet/
Die ander Straff bekennet/
Pauſen in wörtern die viel Sylben haben.
Die dritte Straff mercket darneben/
Ein heimlich Aequiuocum eben/
Ein differentz die vierdte/
So man ſinget verſrte/
Sanctus Paulus ſchreib/p ſchrieb vns zu laben.
Die fünffte Straff thut vns anzeigen/
Wo die wörter geſwungen werden/
Lind vnd Hert/als Her vnd Sehr eigen/
Die Sechſte wo man ohngeferden/
Thut Klebſylben hart zwingen/
Die Siebende thut ſingen/
Relatiua thut bringen/
Ein wort das zwen Sententz regiret/
Ferne vnd hinden guberniret/
Die achte wer alleine/

G 3   Singt

Singt zwen Sentenz gemeine
In einem Versen/ sol mans nicht begaben.

3.

Die Neunte/ Wörter die da klingen/
Sollen kein Stumpffen Reimen bringen/
Die Zehnde sol nicht finden/
Ein Stumpffes wort nach binden/
Des Klingend wort ersten Sylben bethören.
Die Eylffte / man sol nicht anheben/
Zu Hoch oder Nidrig darneben.
Wer diese Straffen scheidet/
Vnd sie alle vermeidet/
Vnd gar keine blinde meinung lies hören.
Den mag man allzeit billich zelen/
Vor den furnemsten Meister einen/
Jhn auch zu einem Mercker welen/
Hie vor den Singern all gemeinen/
Jhn darzu wirdig schetzen/
Jhm die Crona auff setzen/
Damit jhn zu ergetzen/
Im Gemerck wird er viel nutz schaffen/
Was zu straffen ist wird er straffen/
Denn wo man recht wil mercken/
Sol man vnkunst nicht stercken/
Sondern so viel es müglich ist zerstören.

Anno salutis 1568. Nouemb. 30.

Geticht durch Adam Puschman.

Register diß Büchlins.

Den Inhalt der Artickel diß Büch-
leins/findestu an jederm Blat mit
Ziffern verzeichnet.

Vorrede diß Büchleins.

1. Tractat Fol. 1.	Ursprung/auch Ursach dieses Gesangs ist in der Vorrede.	
	Eigenschafft der Versen dieses Gesangs.	1.
	Anzal der Syllaben in Versen.	2.
2. Tractat. Fol. 3.	Tabulatur oder 24. Straffartickel.	3.
	Die 11. Straffartickel in die Scherffe.	4.
	Erklerung der 24. Straffartickel.	4.
	Erklerüg der 11. Straffartickelin die Scherffe.	7.
	Unterscheid der Scherffe vñ ander Straffen	9.
	Die ungegründten Scherff straffen.	10.
3. Tractat. Fol. 12.	Von Thönen und Melodeyen.	12.
	Von überkürtzen Thönen.	13.
	Von überlangen Thönen.	13.
	Von Beweren der Thönen.	13.
	Schul Ordnung.	14.
	Beschlus dieses Büchleins.	17.
	Schulkunst in 4. Thönen.	18.
	Schulkunst im Langen Thon Marners.	21.
	Schulkunst in der Dreien Friedweis.	22.